Hal Leonard
結他入門 第二輯
Guitar Method • Book 2
by Will Schmid

偉．士文博士(Dr. Will Schmid)是暢銷的 Hal Leonard Guitar Method 及另外 40 多件包括盒帶，鐳射唱碟和錄影帶的結他和班卓琴教材的作者。偉．士文博士除了任職美國威斯康新大學結他課程主席外，更替 Hal Leonard 出版的多部音樂教材從事編輯工作。

Translated by: David Cheng
翻譯：鄭永健

目錄

HAL•LEONARD® CORPORATION

7777 W. Bluemound Rd. P.O. Box 13819 Milwaukee, WI 53213

Visit Hal Leonard Online at **www.halleonard.com**

音調與音階

每篇樂章都是根據特定一系列的音調而組成。一系列的音調排在一起稱之為音階(Scale)，而根據音調排在一起時不同的音程排列，每組音階都有不同的名稱。

以下介紹的一種音階稱之為大調音階 (MAJOR SCALE)，而大調音階是由8個音調之間不同的1度 (WHOLE)和半度 (HALF)排列組成

C 大調音階 （C MAJOR SCALE）

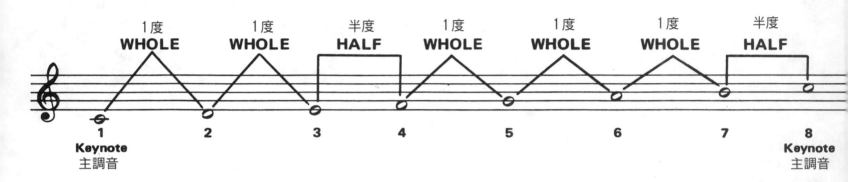

請注意 3,4 和 7,8 之間相距是半度。
音階的名稱是由音階的第 1 個音調取名，所以上面以大調音階排列的音階稱為 C 大音階。

在第 1 冊裡我已提及八升音階（#）及降音階（b），而當你遇到一個並無升音階或降音階而是由 C 音調開始的音階時，這應是一篇 C 調的樂章。

請重覆練習 C 大調音階並留意音階的聲音特質（音質）。

G 大音階(G MAJOR SCALE)

主調音是 G,而音階排列如下

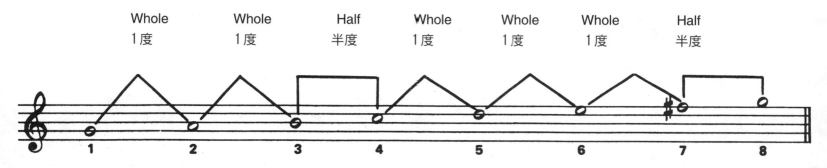

Whole	Whole	Half	Whole	Whole	Whole	Half
1度	1度	半度	1度	1度	1度	半度

請注意,我們要把 7,8 兩個音調作出調整 (把 F 加上升音階成為 F#) 才完成 G 大調音階的排列。

所以 G 大調音階的音調符號 (Key Signature)是 1 個升音階(F#)。

請重覆練習 2 個八音度 G 大調。

變調 (Transposing)

成為一個樂手，必須掌握彈奏不同的調。當你彈奏一個樂句或音階時，由不同的主音調開始，這叫做變調。

以下的練習曲 "Yankee Doodle" 是（C調），而下面則是變調後成為G調的Yankee Doodle。在彈奏任何樂章前，請先留意每個樂章的調號，以免發生錯誤。

YANKEE DOODLE IN C

YANKEE DOODLE IN G

音程 (Intervals)

在第 2 頁提及音階內每個音調都編上號碼。我們可以利用這些號碼去決定音調間的音程（音調間的距離）。

C 和 D 之間的音程是兩度 second，由 C 到 E 是 3 度 third，如此類推。
任何兩個音調間之距離都可組成一個音程。

先決定一個主調音，然後計算距離並找出正確音程。

4

和絃（Chords）

和弦是由堆合的音程組合。一個是三個音調組成的和弦叫做三和弦（triad），並是由 2 個 3 度音程（third）組成。我們以和弦是最底部的音調命名。

一個單獨的字母（例如：G，D，C）表示這是個大調和弦（major chord）。當一個字母連着一個細楷 悪 代表小調和弦（minor chord）。小調和弦的 3 度比大調和弦的 3 度少一個半度。

當一個和弦再加上一個 7 度時，這叫做七度和絃；（例如：G7，D7）

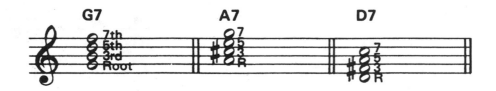

由於結他共有 6 條絃線，所以和弦內有多個音調階可能重覆 2 至 3 次。

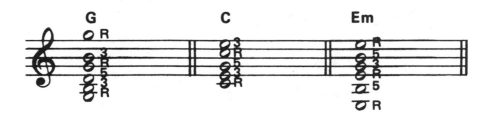

D大調音階（D MAJOR SCALE）

現在我們一起看看D大調音階及其音調符號（key signature）。

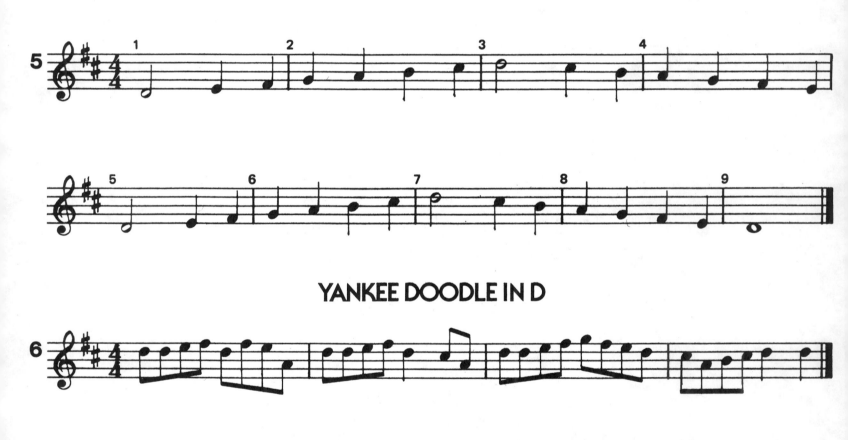

因為D大調音階內有F#和C#，所以D大調音階的音調符號是兩個 "升音階"(sharp)（F#和C# ）。

請重覆練習D大調音階（ 上升和下降 ascending & descending ）。當你初部掌握彈奏後，你可漸漸加快彈速及嘗試用上下撥弦手法（ alternating down-up stroke ）。同時，很多結他音樂都是用D大調寫成，所以請用心練習。若你想加強練習，把練習曲 "Yankee Doodle" 轉調至 D 大調來練習。

YANKEE DOODLE IN D

當你練習這本書的時候，你會有機會練習 Hal Leonard 的 MORE EASY POP MELODIES 這本曲集裡面的歌曲。每一首歌都配合這本課本的內容。你可從這本書的內頁找尋到配合的曲目。

D 和弦和 A7 和弦

在 D 大調音階的音樂裏，最常見是 D 和弦和 A7 和弦的組合。請留意這兩個和弦的指法，再彈奏下面的練習。

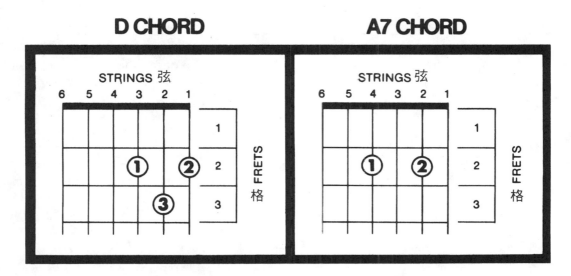

D 和弦由結他上 4 條弦組成。當你練習 D 和弦時，請留意左手的手指彎曲，同時利用指尖按弦。

當你彈奏 A7 和弦時，請根據上圖的指法，由第 5 弦撥下。當你抓着結他頸時，你的掌心應和結他頸應保持此微距離。

當彈奏 D 及 A7 和弦時，請利用第 4 弦（D 空弦）及第 5 弦（A 空弦）作為和弦的低音部份。

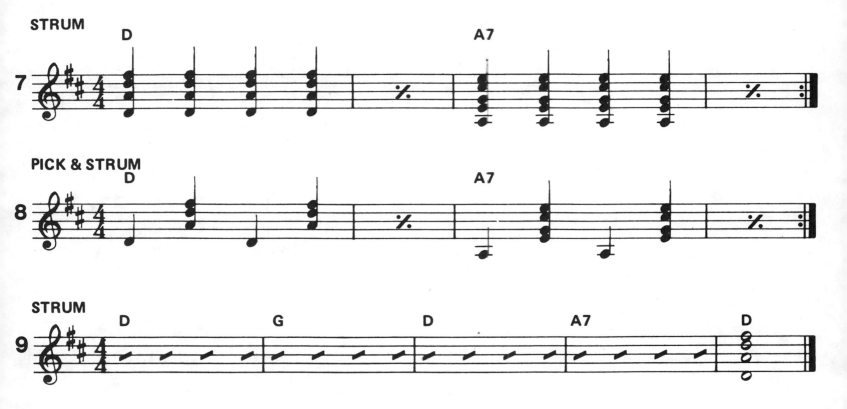

請練習以下的練習曲的旋律，當熟習以後，你可嘗試自彈自唱（自彈和弦部份）

I KNOW WHERE I'M GOING

請利用上下撥弦的手法［down strokes 下撥弦（⊓）及up strokes 上撥弦（∨）］
去彈奏以下練習曲 "Wolly Wolly Doodle" 分音符部份。練習曲內的 A 音調應用尾
指按下。

POLLY WOLLY DOODLE

你可以試彈 HAL LEONARD'S MORE EASY POP MELODIES 的第 2 頁， "THE RAINBOW CONNECTION"

附點四分音符

當 1 個音符附上一個點號後，該個音符的節拍值加 1 半

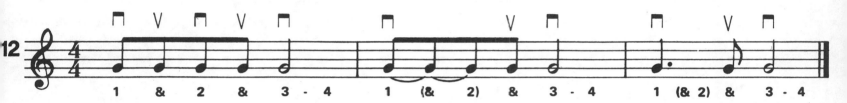

2 拍＋ 1 拍 ＝ 3 拍

當 1 個八分音符附點後，該音符節拍值加 1 半

請先熟習此練習曲 "Michael, Row The Boat Ashore" 然後再試自彈自唱。

MICHAEL, ROW THE BOAT ASHORE

Mi - chael, row the boat a - shore, Hal - le - lu - jah! Mi - chael,

row the boat a - shore, Hal - le - lu - - - jah!

兩拍休止符 （ Half Rest ）

兩拍休止符（）位於五線譜第三線上。

KUMBAYAH

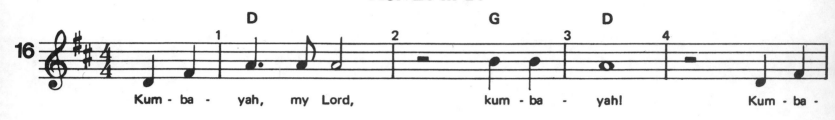

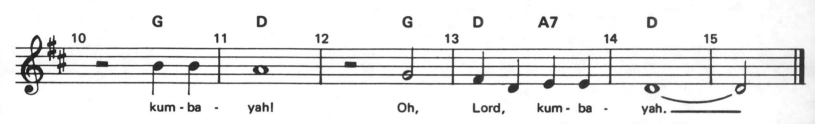

當你練習彈奏練習曲和弦部份時 （ strumming chords ），請留意轉換左手指法時保持穩定及順暢。
若你未能暢順地轉換左手指法，請耐心地減慢練習時的彈速。

MY BONNIE LIES OVER THE OCEAN

切分音 （ Syncopation ）

其中一種的切分音是把音調的重拍放在節奏的 （ ands ）位
很多時候，這種切分音的重拍是由一些連起的八分音符或四分音符置於弱拍 （ off-beats ）。請耐
心及以較慢的彈速練習，當你能掌握練習後，才漸漸加快彈速。

當彈奏下面的練習時，請保持練習內所指示的上下撥弦次序 （ down-up stroke ）。當你彈至括號
內的節拍時，保持連音。

若你想再加強練習，利用空弦彈奏下面切分音練習。

練習曲 24 內的旋律有多個切分音。當你掌握彈奏旋律後，可嘗試自彈自唱。

CALYPSO BAY

先掌握旋律，然後試自彈自唱。

ROCK-A-MY SOUL

Rock-a-my soul in the bos-om of A - bra-ham, Rock-a-my soul in the bos-om of A - bra-ham,

Rock-a - my soul in the bos-om of A - bra-ham, Oh, rock-a-my soul.

你可以試彈 HAL LEONARD'S MORE EASY POP MELODIES 的第 3 頁，"ALL SHOOK UP"

請練習下面切分音的模式。練習曲 "He's Got The Whole World In His Hands" 的切分音模式。

請重覆彈奏下面練習曲內旋律及和弦部份。

HE'S GOT THE WHOLE WORLD IN HIS HANDS

He's got the whole world___ in His hands,_He's got the whole wide world___ in His hands,_He's got the

whole world ___ in His hands,_ He's got the whole world in His hands. ___

主歌（ verse ）是歌曲內由一獨唱或奏者負責演出，而副歌（ chorus ）則由多人或合唱（奏）隊演出。副歌在歌曲中會有多次的重覆。主歌在歌曲中屬於內容（歌詞）重點，而副歌則屬於給聽眾較容易記起和熟識的部份。

OH, MARY DON'T YOU WEEP

(:‖)重覆記號指示重覆彈奏記號前的一段。當你遇到二個重覆記號（ ‖: :‖ ）代表重覆記號內的一段樂章。

第一及第二結尾（ first and second endings （ 1 2 ） 在下面的練習曲內出現。你開始彈奏練習曲時，由歌曲的開端彈至第一結尾後，重彈重覆記號的一段，但跳過第一結尾到第二結尾。

LITTLE DAVID PLAY ON YOUR HARP

你可以試彈 HAL LEONARD'S MORE EASY POP MELODIES 的第 4 頁， "LONGER"

複習撥弦(和弦)技巧

本書前章曾介紹給各位的上下撥弦技巧 (八分音符) 可同樣應用於彈奏和弦上。當你彈奏下面的練習時,記緊保持手腕部份鬆馳及靈活。請記緊正確的上下撥弦技巧是手腕部份輕巧的轉動;切勿誤會是手掌的動作。正確的手腕撥弦動作就好像當你洗手後揮動手部把水點揮去一樣。

當你彈奏撥弦(和弦)技巧時,要保持暢順的上下手腕動作,當你遇到較長的節奏時 (如:較八分音符長) 請繼續該撥弦動作,但只是一下虛發,並不觸到弦線。這樣便可保持持續的上下撥弦動作。

BASIC DOWN-UP STRUM — 基本上下撥弦(和弦)技巧

VARIATION I — 變奏 I

變奏 I — 在練習的第1個節拍 (四分音符) 省去上撥 (即 "and" 板)。
請持續上下撥弦動作,並在第1拍的上撥時作一個虛發 (不觸到弦線)。

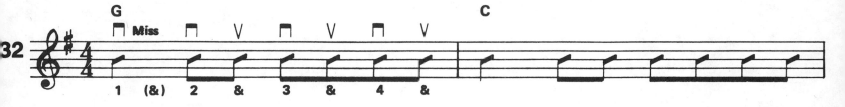

VARIATION II — 變奏 II

變奏 II — 跟變奏 I 彈法相同,在第1及3拍的 "and 板" 作個虛發。

15

請運用 P. 15 練習上的撥弦技巧於以下的練習曲上。撥弦的模式不一定要跟旋律上的節拍相同。

請先練習旋律部份，然後試自彈（和弦）自唱（旋律）。D.C. al Fine 即回到樂章的開端，並重彈整道樂章一次。

ROCK ISLAND LINE

Am7 和弦

Am7和弦是個指法簡單的和弦，請利用第五弦（空弦）作和弦的低音部份。

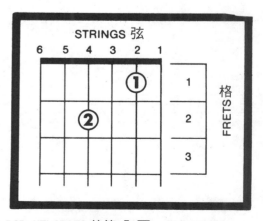

你可以試彈 HAL LEONARD'S MORE EASY POP MELODIES 的第 5 頁，EDELWEISS

16

若你遇到每個小節內有 2 個和弦（每個和弦 2 拍），你應選擇二拍組合的撥弦模式（如：變奏）II。

當你掌握撥弦技巧後，你應選擇不同的撥弦模式來切合樂章的要求。例如：你可嘗試在第 7，8 小節和第 15，16 小節彈奏下面的撥弦模式，這可使樂章感覺更完整。

下面的練習曲 "Simple Gifts" 不同的和弦組合，請重覆練習，以使在轉換和弦指法時更順暢。

請重覆彈奏練習曲內的旋律部份。

SIMPLE GIFTS

你可以試彈 HAL LEONARD'S MORE EASY POP MELODIES 的第 6 頁， "HEY JUDE"

A 和弦

請留意 A 和弦的指法圖表。請利用第五弦 (空弦) 作
為和弦的低音部份。

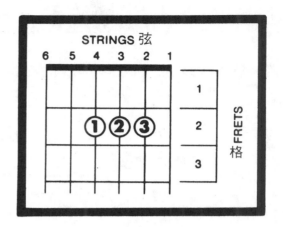

以下的練習曲內，你需要彈奏一個快速的和弦指法轉換（由 Em 和弦轉至 A 和弦）。請重覆練習，以使轉換和弦指
法更熟練。當你剛開始練習時，請用一個較慢的彈速練習，在熟習後再逐漸加快彈速。

在以下的練習曲第 1-4 小節，可直接套用練習 38 的撥弦模式。由第 5-16 小節，可套用練習 38 內第四個小節的模
式。

FOLLOW THE DRINKIN' GOURD

你可以試彈 HAL LEONARD'S MORE EASY POP MELODIES 的第 8 頁， "GET BACK"

切分音撥弦

在下面的練習曲內，若遇到較長的節拍時（如：練習40第1個四分音符）為保持撥弦手法順暢，
請撥一個虛發以保持上下撥弦手法模式。

相同撥弦模式，但不同和弦。

請練習 "Marianne" 然後練習自彈（練習42模式）及自唱。

MARIANNE

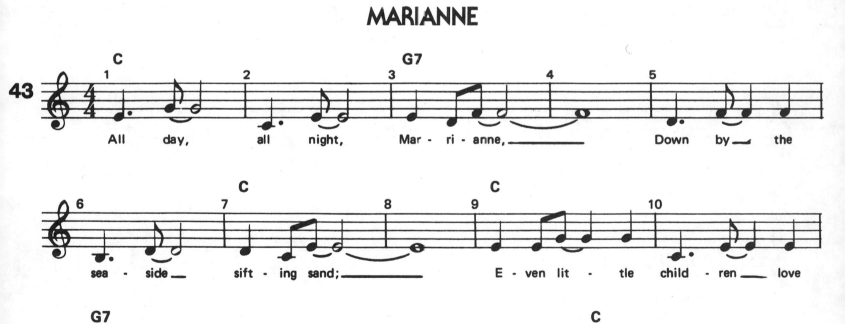

相對於彈奏切分音撥弦練習，邊彈邊唱比較困難。請用以下不同的方法彈奏以下的練習。

1. 彈奏切分音練習
2. 彈奏練習曲 45 內的旋律部份，並學會唱出旋律
3. 在彈奏四分音符節奏的和弦部份的同時，唱出旋律。
4. 在彈奏切分音符節奏的和弦部份的同時，唱出旋律。

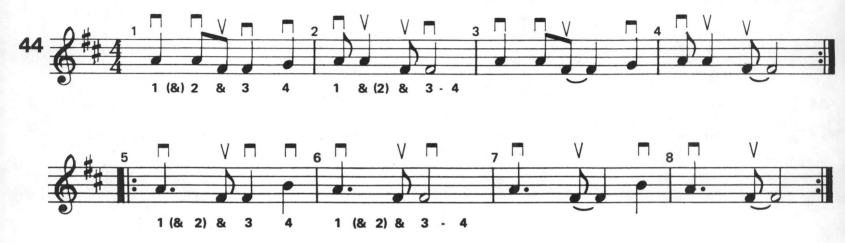

PAY ME MY MONEY DOWN

I thought I heard the big boss say "Pay me my mon-ey down!"

Pay me or go to jail, Pay me my mon-ey down!" "Pay me, oh pay me,

Pay me my mon-ey down! Pay me or go to jail, Pay me my mon-ey down!"

F 和弦

當你彈奏 F 和弦時，你要利用食指同時按下二條弦。同時，你亦需要利用食指的側面去按弦。你的無名指和中指須要保持拱形，並利用指尖部份去按下弦線。當你彈奏 F 和弦時，請撥下第 1-4 弦，而第 4 弦會是和弦的低音部份。

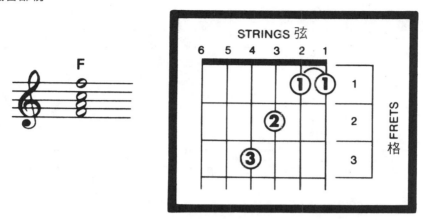

請重覆彈奏下面的練習，並留意節奏穩定和轉換和弦指法時順暢。

WHO'S GONNA SHOE YOUR PRETTY LITTLE FEET?

你可以試彈 HAL LEONARD'S MORE EASY POP MELODIES 的第 9 頁，"TICKET TO RIDE"

請重覆練習 "The Streets of Laredo" 內的旋律及和弦部份。

THE STREETS OF LAREDO

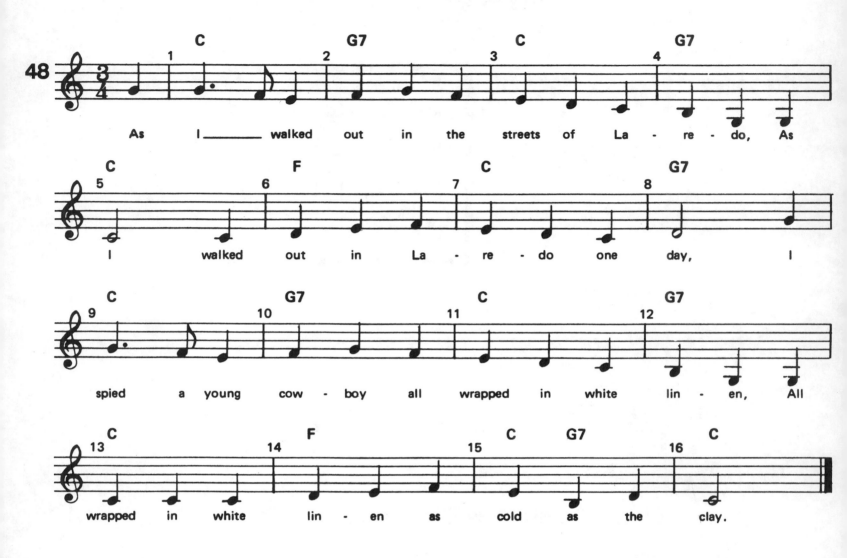

下列提供了一個四分之三拍（ 3/4 time）的撥弦模式。這是一個低音／撥弦手法的變種，而低音置於一個小節的第 1 拍。

當你充份掌握以下的練習以後，請把撥弦模式用於彈奏 "THE STREET OF LAREDO"

MAMA DONT 'LOW

2. Mama don't 'low no banjo playing 'round here, （重覆）

   I don't care what mama don't 'low, gonna play my banjo anyhow,

   Mama don't 'low no banjo playing 'round here.

3. 4. & 5. 歌詞可配上其他樂器，例如：kazoo, washboard, gutbucket, etc.

你可以試彈 HAL LEONARD'S MORE EASY POP MELODIES 的第 10 頁， "WITH A LITTLE HELP"

A 小調和弦（ Am Chord ）

A 小調和弦的指法跟前章的 Am7 和弦十分相似。如圖所示，把中指按著第三弦，而第五弦空弦便是 A 小調和弦的低音部份。

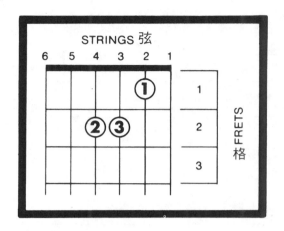

請先掌握練習曲內的旋律部份，然後再利用第 15 及 19 頁內的撥弦模式來彈奏 （邊彈邊唱）。

NINE HUNDRED MILES

你可以試彈 HAL LEONARD MORE EASY POP MELODIES 的第 11 頁， "AND I LOVE HER"

D 小調和弦（ Dm Chord ）

請按指法圖所示彈奏D小調和弦。在彈奏的時候請撥1-4弦，而空弦(第四弦)便是D小調和弦的低音部份。

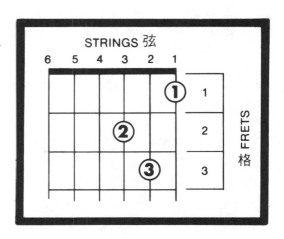

請練習下面的和弦練習。請用較慢的彈速練習並留意彈奏時節奏的穩定。

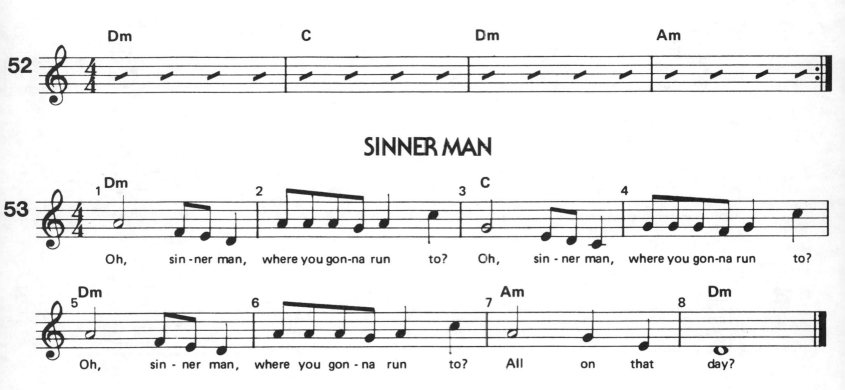

SINNER MAN

Oh, sin-ner man, where you gon-na run to? Oh, sin-ner man, where you gon-na run to?

Oh, sin-ner man, where you gon-na run to? All on that day?

當你充份掌握上面練習曲的旋律及和弦部份後，請練習下面低音／和弦模式，並嘗試利用該模式邊彈邊唱。

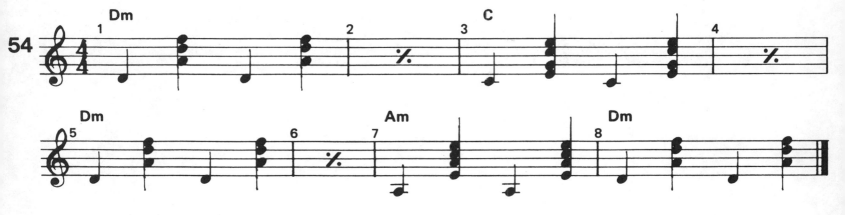

你可以試彈HAL LEONARD'S MORE EASY POP MELODIES 的第12頁， "LONG AND WINDING ROAD"

我們有很多方式去彈奏一首樂章。最簡單便是彈奏歌曲的旋律。你也可彈奏低音／撥弦模式；不同的撥弦模式，變種的低音／撥弦模式或是結合了旋律與和弦的彈奏法。在往後的 3 頁，我們將介紹數種不同版本的練習曲 "Stewball" 請重覆練習這數個不同的版本。

直至你能夠充份掌握這些練習。當你掌握這幾個版本的構造後，請構思一些不同的彈奏方式並應用於一些你認識的樂曲上。

當一首樂章有不同的歌詞部份時，歌詞部份大都會印在樂章下面的地方。為了方便各位掌握歌詞，我們都會在歌詞屬於每個小節的頭一拍間加上底線。

請在練習不同歌詞之前，先把歌曲的旋律記熟。你可能要稍為修改一下節奏去遷就旋律。例如：在第 4，8，12 小節的 8 分音符拾音（pick up）可能要改為四分音符去遷就歌詞。

STEWBALL

2. I <u>rode</u> him in England
   I <u>rode</u> him in <u>Spain</u>,
   And I <u>never</u> did <u>lose</u>, boys,
   I <u>always</u> did <u>gain</u>.

3. So <u>come</u> all you <u>gamblers</u>,
   From <u>near</u> and from <u>far</u>,
   Don't <u>bet</u> your gold <u>dollar</u>
   On that <u>little</u> gray <u>mare</u>.

4. Most <u>likely</u> she'll <u>stumble</u>,
   Most <u>likely</u> she'll <u>fall</u>,
   But you <u>never</u> will <u>lose</u>, boys
   On my <u>noble</u> Stew<u>ball</u>.

5. Sit <u>tight</u> in your <u>saddle</u>,
   Let <u>slack</u> on your <u>rein</u>,
   And you <u>never</u> will <u>lose</u>, boys,
   You <u>always</u> will <u>gain</u>.

請練習下面變種的低音 / 撥弦模式和另外二個撥弦模式。當你掌握了以後,把以下模式用於練習曲 "Stewball"。

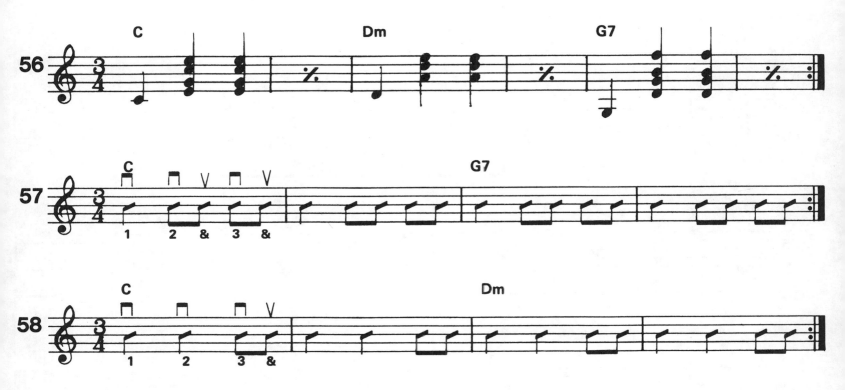

下面是二個不同的低音 / 撥弦模式。我們在練習內嘗試在相同和弦內用不同的音符作為低音。在掌握這二個練習以後,嘗試利用這幾個撥弦模式自彈自唱。

下面的練習曲引用了前章數個撥弦概念的樂器演奏版本。民歌歌手一般都十分喜愛在表演歌曲時加插一段樂器獨奏（像下面練習曲模式）。

STEWBALL

HOLD DOWN THE CHORD

樂句 （ LICKS ）

當樂章的旋律部有一個較長停留的音調時，樂手們都喜歡在該位置即興加入樂句 （ LICKS ）。樂句 （ LICKS ）也有其他多個稱呼，例如：a lick, fill, riff, break, ride。在下面有一個樂句的例子，你可以把這個例子應用於練習曲 "Stewball" 和 15 個小節內。你也可試試創作自己的樂句，並應用於 "Stewball" 8 及 11，12 個小節內。

你可以試彈 HAL LEONARD'S MORE EASY POP MELODIES 的第 13 頁， "WILDWOOD FLOWER"

A小調音階（A Minor Scale）

我們在前章已熟悉大調音階內一度和半度模式。當我們改變一度和半度的組合模式時，我們便創造了一個新的音階。

我們由 A 音調作為音階的開端，並以下面模式組合，A 小調音階便組成了。

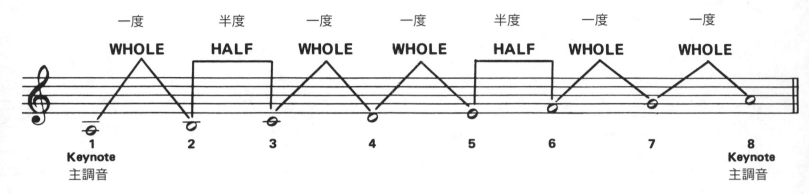

音階的第 2，3 和 5，6 音調之間距離只有半度。請重覆練習 A 小調及留意音階的聲音特色。

以下是二首有相同音調符號，但不同調的樂章。他們都有不同的主調音。請練習兩個不同版本的 "Frere Jacques"
練習 64 是 C 大調音階的版本（ 沒有升音階和降音階）。練習 65 是 A 小調音階的版本（ 沒有升音階和降音階）。

FRERE JACQUES

FRERE JACQUES

你知道這兩首練習曲的分別嗎？兩首歌在一度和半度組合上的不同使二首樂章在聲音特色上的分別。

請練習下面 A 小調音階寫成的練習曲，並留意 A 小調音階的音調符號並沒有升音階和降音階的。

WAYFARING STRANGER

當你掌握練習曲的旋律後，請練習和弦部份。練習 67 提供一個適用於練習曲" WAYFARING STRANGER" 低音 / 撥弦節奏模式。

以下練習曲內和弦的高音音調是歌曲的旋律部份。請先練習歌曲內的旋律部份，熟習了以後再加上和弦部份。歌曲可以用不同的速度彈奏。

BLACK IS THE COLOR OF MY TRUE LOVE'S HAIR

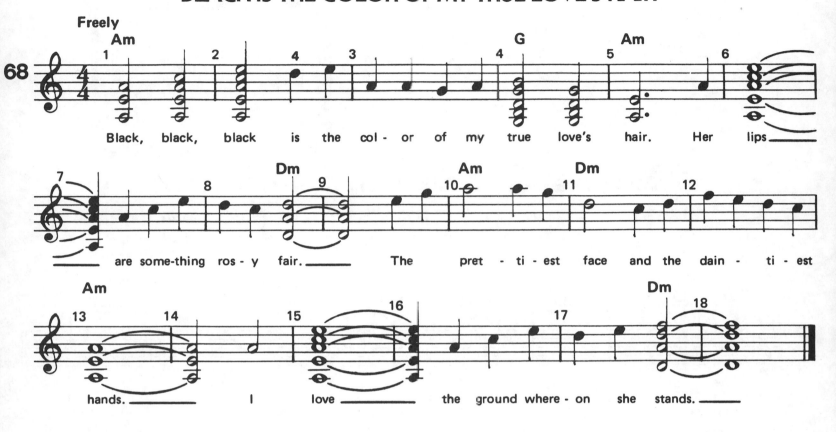

請先用較慢的速度練習下面的樂章，熟習後再漸加快速度。你也可應用前章（P. 15）的變奏 I 及變奏 II 較為複雑的撥弦技巧去演奏下面練習曲。

BOUND FOR THE PROMISED LAND

你可以試彈 HAL LEONARD'S MORE EASY POP MELODIES 的第 14 頁，"SIXTEEN TONS"

E 和弦（E Chord）

E 和弦的指法跟 A 小調和弦（Am）十分相似，不同的是指法位於三，四，五弦上。第六弦（空弦）會是 E 和弦的低音部

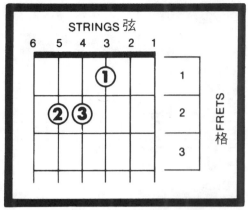

和聲小調音階（Harmonic Minor Scale）

這是另一種的小調音階（minor scale）。在第 29 頁，我們介紹過 A 小調音階（A natural minor scale）的一度和半度排列模式，下面是 A 和聲小調音階（A harmonic minor）的排列模式。

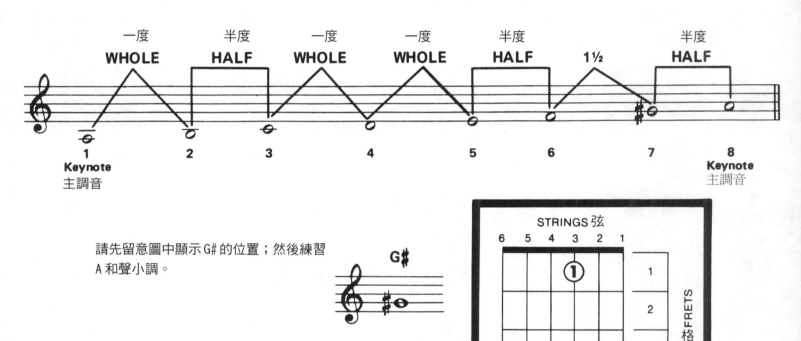

請先留意圖中顯示 G# 的位置；然後練習 A 和聲小調。

練習 70 是一首由 A 和聲小調音階構成的樂曲。

JOSHUA FOUGHT THE BATTLE OF JERICHO

你可以試彈 HAL LEONARD'S MORE EASY POP MELODIES 的第 15 頁， "FOLSOM PRISON"

以色列舞曲 "Hava Nagila" 是首由和聲小調音階構成而又最廣為人知的樂章。傳統的演奏方式是把彈奏旋律的速度由慢而漸漸加快至完結。請留意每個小節內的升音階，該升音階會使小節內相同的音調同樣提升半度。

HAVA NAGILA

你可以試彈 HAL LEONARD'S MORE EASY POP MELODIES 的第 16 頁， "CAN'T BUY ME LOVE"

12 小節藍調（ 12-Bar Blues ）

傳統的藍調音樂是一個由 12 個小節組成的和弦模式。這些和弦都根自大調。藍調音樂的另一個特色是藍調的音調（ blues notes ） 一些離開音階半度的音調。下面是一個 E 藍調音階（ E blues scale ）這個音調的構成跟大調十分相似，只有第三度 （ third ）和第七度音程（ seventh ）降去半度。

B7 和弦（ B7 Chord ）

請留意以下的 B7 和弦，在傳統上結他常用 E 調彈奏藍調音階，故此你彈奏藍調音階是經常會遇到 B7 和弦。第五弦上的音調會是 B7 和弦的低音部份。

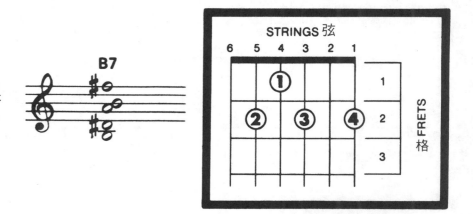

請先練習旋律部份，然後再練習撥弦部份。歌唱者經常用音節 （syllables） 去填補一些歌唱時忘記的歌詞或模枋樂器時聲音，這種歌唱法稱為 "喊叫" （ scat singing ）。在練習 73 的旋律內已加上音節，方便你練習自彈自唱。你也可試試創造自己的音節 （syllables）。

THE BLUES

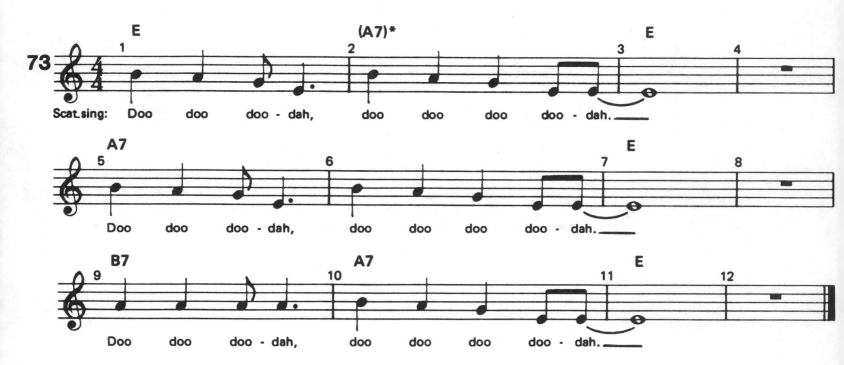

第 2 小節的 A7 和弦是可以用 E 或 A7 和弦代替

你可以試彈 HAL LEONARD'S MORE EASY POP MELODIES 的第 17 頁， "STEAM ROLLER BLUES"

新音調　Bb 或 A#

音調A和B之間相距一度（或二個半度）。在前章也提過升音階（sharp）# 提高音調一個半度。A# 音調位於第三弦的第三格，比A高半度。

當你彈奏第三弦上的B音調時，B音調會在第三弦的第四格位置。在前章也提過降音階（flat）b降低音調一個半度。Bb 音調位於第三弦第三格上，比B 低半度。

A# 和 Bb 都是位於第三弦的相同位置，甚至聲音也相同，這叫做（enharmonic tones）。A# 是當旋律向上升（ascending），而 Bb 則是當旋律下降時。

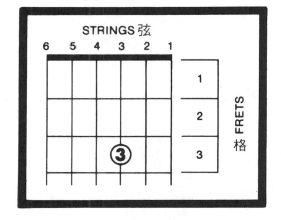

3rd String
3rd Fret
3rd Finger

請練習下面練習 74 的旋律部份，再可試試自彈自唱。請利用前章所教授過的撥弦模式，試找出最適合旋律部份的一個撥弦模式。

24-HOUR BLUES

I got the blues in the morn-in' and the blues all thru the night.____

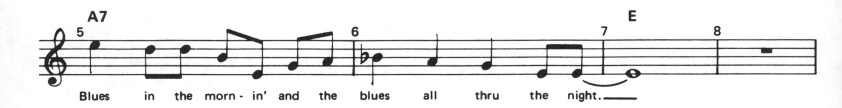

Blues in the morn - in' and the blues all thru the night.____

Lov - in' you ba - by's the on-ly thing gon - na put me right.____

當你彈奏 "Stewball" 你可以加入一些樂句（lick or fill）使樂曲更多樣化。當樂章旋律部份到一個長音時，這便是一個最好加入樂句（lick）的位置。下面二個樂句的例子可應用於練習曲 74 內第 3，4 及 7，8 個小節。

典型藍調樂句（TYPICAL BLUES' LICKS ）

C#

在彈奏練習曲 75 之前，請找出 C# 音調的位置和指法。

搖滾樂是非常流行的音樂類型。練習曲75
是個典型藍調搖滾樂（ Blues-rock ）的
低音結他樂句（ bass line ）。在熟習此
樂句後，請利用此樂句作為襯底，自彈自
唱 "4-Hour Blues" 請留意4-Hour Blues
旋律部份的前三個音調，而結他部份
（練習曲75）在 "4-Hour Blues" 小節，第
一拍開始。

5th STRING（5弦）
4th FRET （4格）
4th FINGER（尾指）

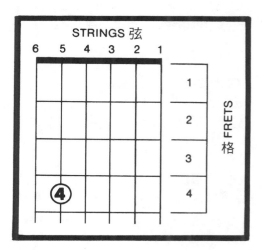

BLUES-ROCK BASS

這是另一首 G 調的藍調樂章。請留意藍調跟大調十分相似，除了第三度和五度音程下降半度。你可嘗試在第 7 和 8
個小節即興加入一些樂句。第四個小節內，有一個新的符號 ♮ 本位記號（natural sign ）。當你見到本位記
號(natural sign)時，代表小節內弦音調的升音階（sharp）或降音階(flat)會取消。

你可以試彈HAL LEONARD'S MORE EASY POP MELODIES 的第 18 頁， "SHAKE, RATTLE AND ROLL"

E小調音階（E minor scale）

E小調音階（E minor scale）的音調符號（key signature）是一個升音階（#）。請重覆練習指法。

請先彈奏練習曲的旋律部份，然後嘗試自彈自唱。

ALL THE PRETTY LITTLE HORSES

琶音（Arpeggios）的彈奏法

當你把和弦內的音調逐一彈出，這稱為琶音（arpeggios）這些琶音可以向兩個方向 － 上升或下降（ascending or descending）彈奏。請彈奏練習第79及80，然後在彈出 "All The Pretty Little Horses" 的同時，唱出" All The Pretty Little Horses" 的旋律部份。請留意各個和弦的模式，並正確地彈出所指示的和弦。

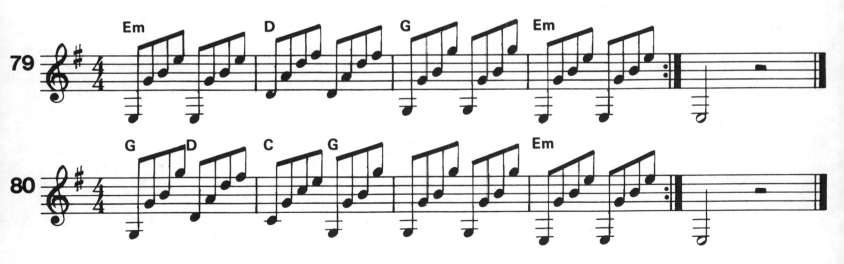

E和聲小調音階（ E Harmonic Minor ）

三個不同位置的F#

二個不同位置的D#

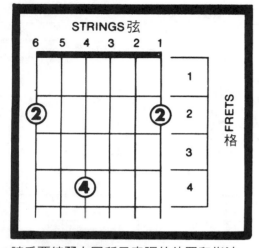  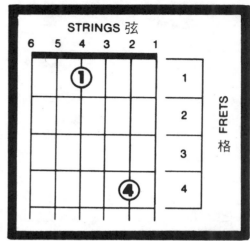 

請重覆練習上圖所示音調的位置和指法。

在前章提及過和聲小調音階（Harmonic Minor）對比起小調，在第七度音程是提升半度。E和聲小調音階的第七度
音程是D#。請重覆練習下面二個八度（2 octaves）的E和聲小調音階。

練習曲82的旋律是由E小調音階和E和聲小調音階所構成。請耐心地練習旋律部份直至你能夠平穩地把旋律奏出；
然後試試自彈自唱。你也可以試試用低音／撥和弦方式自彈自唱。

KEEP YOUR HAND ON THE PLOW

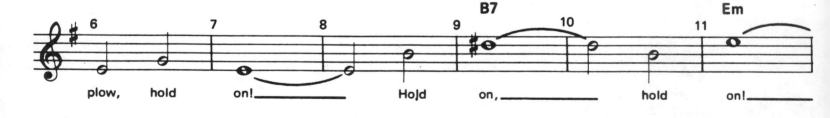

你可以試彈HAL LEONARD'S MORE EASY POP MELODIES 的第20 頁，" THE DAY IN THE LIFE OF A FOOL"

低音走句 （Bass Runs）

在前章，已向各位在旋律的長音位置加入樂句 （LICKS）。你也可以在低音樂句加入低音走句 （BASS RUNS）。在練習 83，我們提供一個十分簡單的低音走句例子。在第 4 小節的低音走句由 G 至 C；而第 8 個小節則由 C 到 G。

請留意和弦上低音的位置。在彈奏 C 和弦的低音 G 音調時，請你利用食指（third finger）按下第 6 弦 （E） 的第三格。請用較慢的彈速練習，在熟習以後再逐漸加快彈速。

在練習 84 在第 4 個小節的低音走句（Bass Run） 由 G 到 D；由第 8 個小節由 D 到 G。為使到在彈奏時旋律更逞多樣化，在練習入面我們加入 C# 音調，使之成為一個由半度組成的模式（B-C-C# -D）。這個模式，我們稱之為變化音（chromatic）。請利用尾指按下第五弦的 C# 音調。請利用不同的手指按下各個音調，切勿滑音（slide）。

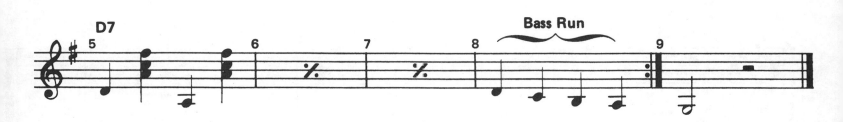

藍草音樂 (Bluegrass Music)

藍草音樂採合了傳統阿伯蘭之民歌 (traditional Appalachian folk music)；英式小提琴樂曲 (Anglo-American fiddle tunes) 及藍調班卓琴 (blues-influenced banjo) 的精髓組合而成。音樂的名稱源自這個音樂的創始人 Bill Monroe 的樂隊 "The Blue Grass Boys"。Bill Monroe 的樂隊亦包括了多位著名的樂手 Lester Flatt 及 Earl Scruggs 等。以下是一首著名的藍草音樂 "The Banks of The Ohio"。

BANKS OF THE OHIO

你可以試彈 HAL LEONARD'S MORE EASY POP MELODIES 的第 21 頁，"DADDY SANG BASS"

"Roll In My Sweet Baby's Arms" 是首經典的藍草音樂作品。作品中主歌（verse）及副歌（chorus）的旋律是相同的。當你熟悉旋律部份後，和弦部份是相當容易配上的，而彈奏速度亦可以輕易加快。你需要留意到在彈奏撥弦部份時，可能要遷就歌詞（主歌）而要改變撥弦的節奏。每個小節的第一拍的歌詞加上底線。當你掌握歌曲旋律部份後，才漸漸加快彈速。

ROLL IN MY SWEET BABY'S ARMS

1. <u>Ain't</u> gonna work on the <u>rail</u>road,
   <u>Ain't</u> gonna work on the <u>farm</u>.
   <u>Gonna</u> lay 'round the shack till the <u>mail</u> train comes back,
   Then I'll <u>roll</u> in my sweet baby's <u>arms</u>.   CHORUS.

2. They <u>tell</u> me your parents don't <u>like</u> me;
   They <u>drove</u> me away from your <u>door</u>;
   If <u>I</u> had my life to live <u>over</u>,
   I'd <u>never</u> go there any <u>more</u>.   CHORUS.

F 大調音階（ F Major Scale ）

F大調音階的音調符號是一個降音階 （Bb）。F大調內第三度音程（third ）和第四度音程（fourth）及第七度音程和第八度音程相距只有半度。請重覆及耐心地練習，當掌握以後，才漸漸加快彈速。請利用食指按下第三弦第三格的Bb 。

在練習曲88內，你將要用一些不同的指法去彈奏一些G音調。第4及7個小節內，Bb音調在G音調前出現。請不要利用食指去按弦，應利用尾指去按下第一弦的G音調。

THE GOLDEN VANITY

42

在前章，我們提及音階以外的音調叫做變化記號（accicentals）。第 10，11 及 12 小節內的 C# 就是變化記號。

THE MINSTREL BOY

這裏是另一首 F 大調的練習曲。請留意第 15 個小節 B 音調的本位記號（natural sign）。

THE ASH GROVE

你可以試彈 HAL LEONARD'S MORE EASY POP MELODIES 的第 22 頁， "CANDLE ON THE WATER"

八分之六拍 （6/8 Time）

在前章，你們已彈奏過以四分音符為一拍作為基礎的樂章。八分之六拍 （6/8 Time）的樂章以八分音符為一拍作為基礎，而6/8上面的六代表每個小節內有六拍。請留心彈奏練習91內的6/8拍號。

IRISH WASHER WOMAN

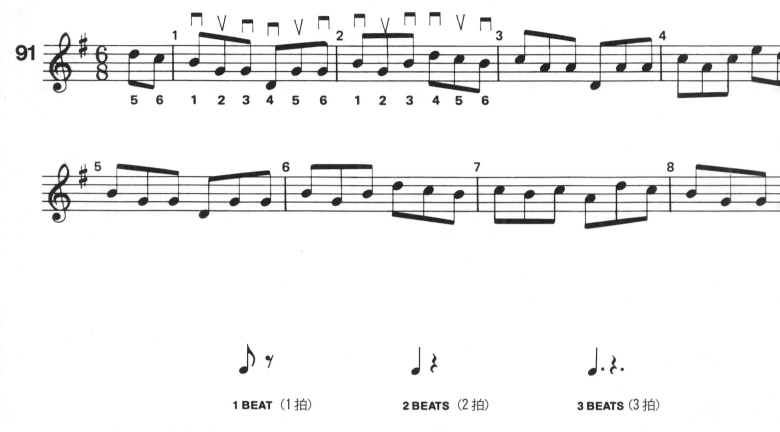

1 BEAT（1拍）　　　　**2 BEATS**（2拍）　　　　**3 BEATS**（3拍）

當你以較快的速度彈奏6/8拍的音樂時，你會很明顯地感到每個小節分為二部份。每個部份有3個八分音符，而強拍（strong beat）則落在第1和4拍（八分音符為一拍）。請耐心地以較慢的彈速練習旋律和指法，在熟習以後，再加快彈速並把每個小節分為二部份作為彈奏基礎。

PATSY-ORY-ORY-AYE

你可以試彈 HAL LEONARDS'S　MORE EASY POP MELODIES 的第24頁，　"HOPELESSLY DEVOTED TO YOU"

這是另一個以6/8拍號為基礎的練習曲。請先以較慢彈速練習，在熟習以後再加快彈速，並把每個小節分為二個部份為基礎彈奏。當你撥弦時，在每個小節的第一及四拍撥弦。

WEE COOPER O'FIFE

There was a wee coop-er who lived __ in Fife, Nick-et-ty, nack-e-ty, noo, noo, noo, And he has got-ten a

gen - tle wife. Hey, Will-ie Wal-lack-y, Ho, John Dou-gal, A - lain, quo rush-e - ty, roo, roo, roo. __

八分之九拍 （9/8 Time）

9/8拍號和6/8拍號極為相似，都是以八分音符為一拍作為基礎。在9/8拍號內，每個小節有九拍。在9/8拍號內，每三個八分音符組成一個部份，每個小節有三部份。

JESU, JOY OF MAN'S DESIRING

重溫舊和弦

在本書（第二冊）舊和弦，新改良完結時的同時，這是一首美麗的練習曲 "Plasir D'Amour"。這首練習曲包括了旋律和和弦部份，而旋律就是和弦的高音部份。這首樂章有幾個特別的和弦，請留意圖中和弦的指法，並準確地撥出和弦內的音調。

G/B CHORD

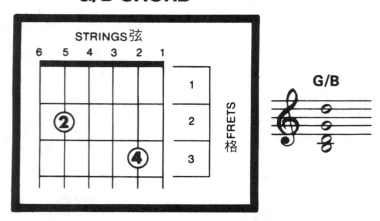

這個改良和弦出現於第二個小節。這是一個以 B 音調作為低音部份的的 G 和弦。（ G/B ）請留意圖中指法，然後試試撥弦。

MODIFIED G7 CHORD

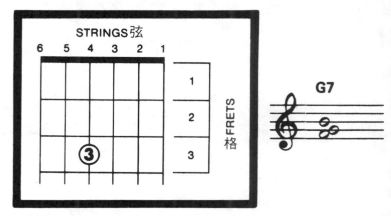

另一個改良和弦是 G7 和弦。這個和弦利用了 2，3 和 4 空弦。請留意指法，並試試撥弦。

PLAISIR D'AMOUR

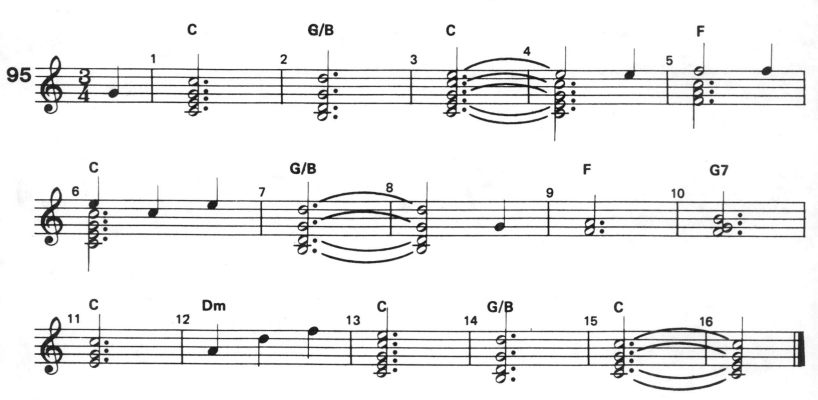

和弦表

在和弦表內已集合了本書所教授的和弦指法，同時亦附上一些常見的和弦指法。

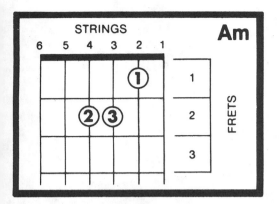

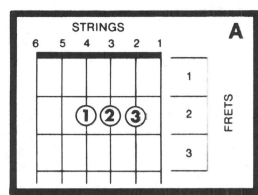

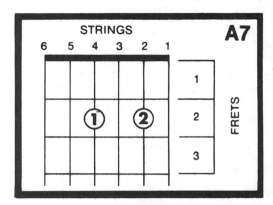

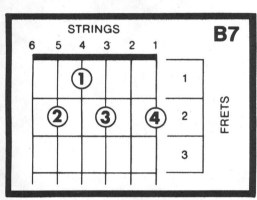

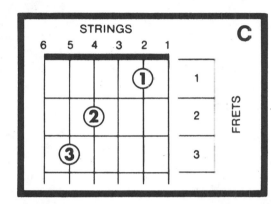

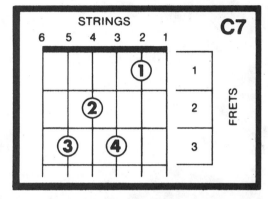

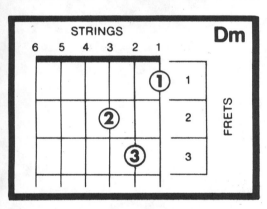

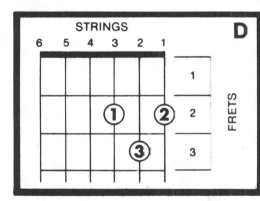

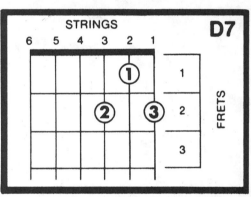

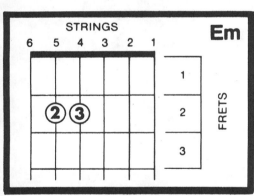

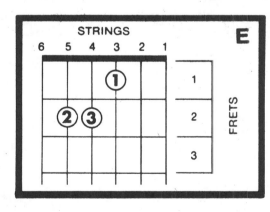

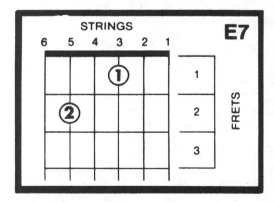

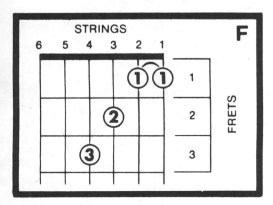

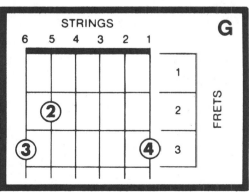

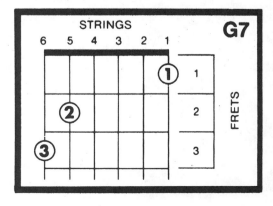